아주 쉬운

단위놀이 한마당 5

원소

원소

차례

원자 원소
번호 이름

1. 수소 ··· 5쪽

2. 헬륨 ··· 10쪽

3. 리튬 ··· 13쪽

6. 탄소 ··· 18쪽

7. 질소 ··· 26쪽

8. 산소 ··· 29쪽

10. 네온 ··· 33쪽

11. 소듐 ··· 35쪽

12. 마그네슘 ··· 39쪽

13. 알루미늄 ··· 43쪽

14. 규소 ··· 46쪽

15. 인 ··· 51쪽

16. 황 ··· 55쪽

17. 염소 ··· 60쪽

19. 포타슘(칼륨) ··· 65쪽

20. 칼슘 ··· 70쪽

21. 스칸듐 ··· 74쪽

22. 타이타늄 ··· 76쪽

24. 크로뮴 … 79쪽	73. 탄탈럼 … 112쪽
26. 철 … 81쪽	74. 텅스텐 … 114쪽
28. 니켈 … 85쪽	78. 백금 … 116쪽
29. 구리 … 88쪽	79. 금 … 118쪽
30. 아연 … 93쪽	80. 수은 … 123쪽
46. 팔라듐 … 96쪽	82. 납 … 126쪽
47. 은 … 98쪽	88. 라듐 … 128쪽
48. 카드뮴 … 103쪽	92. 우라늄 … 130쪽
50. 주석 … 106쪽	**원소주기율표 … 132쪽**
56. 바륨 … 108쪽	
58. 세륨 … 110쪽	

[용어 설명]

원소 : 오직 한 가지 종류의 원자로만 이루어진 물질.

원자 : 원소의 기본 요소.

동소체 : 동일한 하나의 원소에서 형성되었지만 성질이 다른 것을 뜻한다. 흑연과 다이아몬드는 모두 탄소로 이루어졌지만 성질이 다르므로 동소체라고 한다.

전기전도성 : 전기가 잘 통하는 성질을 뜻한다. 금속은 전기전도성이 높다.

열전도성 : 열을 잘 전달하는 성질을 뜻한다. 금속은 열전도성이 높다.

1. H
수소

특징

색깔 : 무색

실온에서 : 기체

분류 : 비금속

1. H 수소

수소는 인간이 현재까지 발견한 원소들 중 우주에서 가장 많고, 가장 가벼운 원소예요. 우주에 존재하는 원소의 대부분은 수소랍니다.

대부분의 별들은 이 수소의 핵융합으로 열과 빛을 내요.

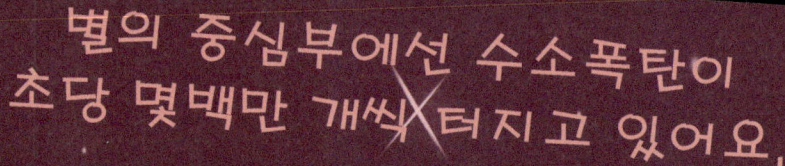

별의 중심부에선 수소폭탄이 초당 몇백만 개씩 터지고 있어요.

1.

H
수소

수소는 세상에서 가장 가벼운 원소입니다.

예전에는 열기구 등에 수소를 넣어 하늘을 날았어요.
그러나 수소는 폭발의 위험성이 엄청 커서
지금은 안전한 헬륨(He)을 채웁니다.

1. H 수소

수소를 산소와 잘 섞은 다음 불을 붙이면 폭발하면서 물이 생겨요.
수(水)소란 물의 근원이란 의미를 가지고 있어요.

수소 산소 물
$H + O = H_2O$

수소차는 달리면서 매연대신
물을 만들어 공해가 전혀 없어요.
지금 수소를 연료로 하는 수소차를 만들기 위해
자동차 회사는 연구를 멈추지 않고 있어요.

1.

H
수소

수소는 관리와 보관이 극도로 어려워요.

일본의 후쿠시마 원자력 발전소가 폭발한 이유도
수소 때문이에요.
현재 강대국들의 핵무기 형태는
수소를 재료로 만든 수소폭탄이에요.

2.

He
헬륨

특징

색깔 : 무색

실온에서 : 기체

분류 : 비금속

2. He 헬륨

헬륨은 색도 냄새도 없고
수소 다음으로 가벼운 원소예요.

산불조심

하늘을 나는 커다란 비행선 안에는
안전한 헬륨이 가득하지만 언젠가는 빠져나가고
가격도 만만치 않아서
무인기에는 예전처럼 수소를 넣어 운행해요.

He
헬륨

붕붕 떠오른 놀이공원의 풍선에는
공기보다 매우 가벼운 헬륨이 들어 있어요.

입으로 불어 부풀린 풍선에는
공기중의 밀도와 비슷한 이산화탄소가 들어가서
바닥으로 가라앉아요.

3. Li
리튬

특징

색깔 : 은백색

실온에서 : 고체

분류 : 알칼리금속

3. Li
리튬

리튬은 세상에서 가장 가벼운 금속이에요.

금속 리튬은 석유에 담가서 보관해야 하는데
가벼워서 석유에도 뜨기때문에
끈끈한 바셀린 따위에 넣어 보관해요.

3. Li 리튬

리튬은 아주 무른 금속이라 두부처럼 칼로 자를 수 있어요.

리튬덩어리를 물에 넣으면 폭발적으로 반응을 해요. 그래서 리튬 배터리를 삼키면 물과 반응하기때문에 고열을 내어 위험하므로 빨리 응급실로 가야 해요.

3. Li 리튬

리튬은 세상에서 가장 가벼운 금속이면서 전기전도성이 가장 높은 원소예요.

리튬이온전지는 많은 양의 전기를 저장할 수 있어서 휴대전화, 컴퓨터, 전기차 배터리등 대용량 배터리충전지로 사용해요.

전기차

최근에는 자동차가 석유가 아닌 리튬배터리로 달리는 것을 비유해서 리튬을 '하얀 석유'로 부르고 있어요.

3. Li 리튬

리튬은 구하기가 힘들고 비싼 가격과 높은 반응성때문에 전선 목적으로는 이용되지 않고 있어요.

위험: 고압전선

리튬 전지는 일반 건전지보다 훨씬 비싸지만 수명이 길고 아주 가볍고 대용량이어서 손선풍기, 카메라 등 거의 모든 휴대용 제품에 사용되고 있어요.
AA/AAA 건전지 형태의 리튬 일차 전지도 판매되고 있지요.

6. C 탄소

특징

색깔 : 검은색, 무색

실온에서 : 고체

분류 : 비금속

6. C 탄소

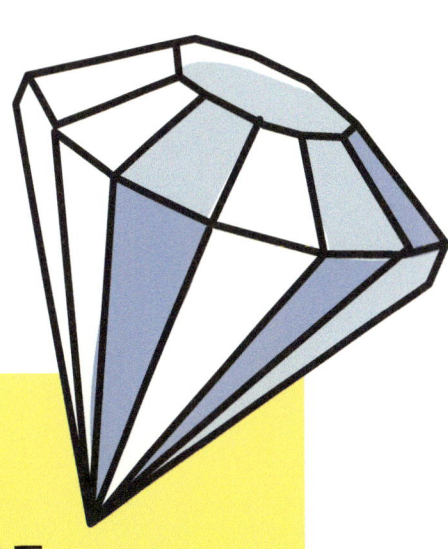

지구의 모든 생물체는 모두
탄소 기반으로 이루어져 있어요.
탄소가 아닌 다른 원소로 구성된 생물체는
현재까지 발견된 적이 없어요.

다른 원소들이 탄소와 결합하면
섬유소부터 동물의 단백질까지
생명에 필요한 모든 물질을 만들어 내지요.

6. C 탄소

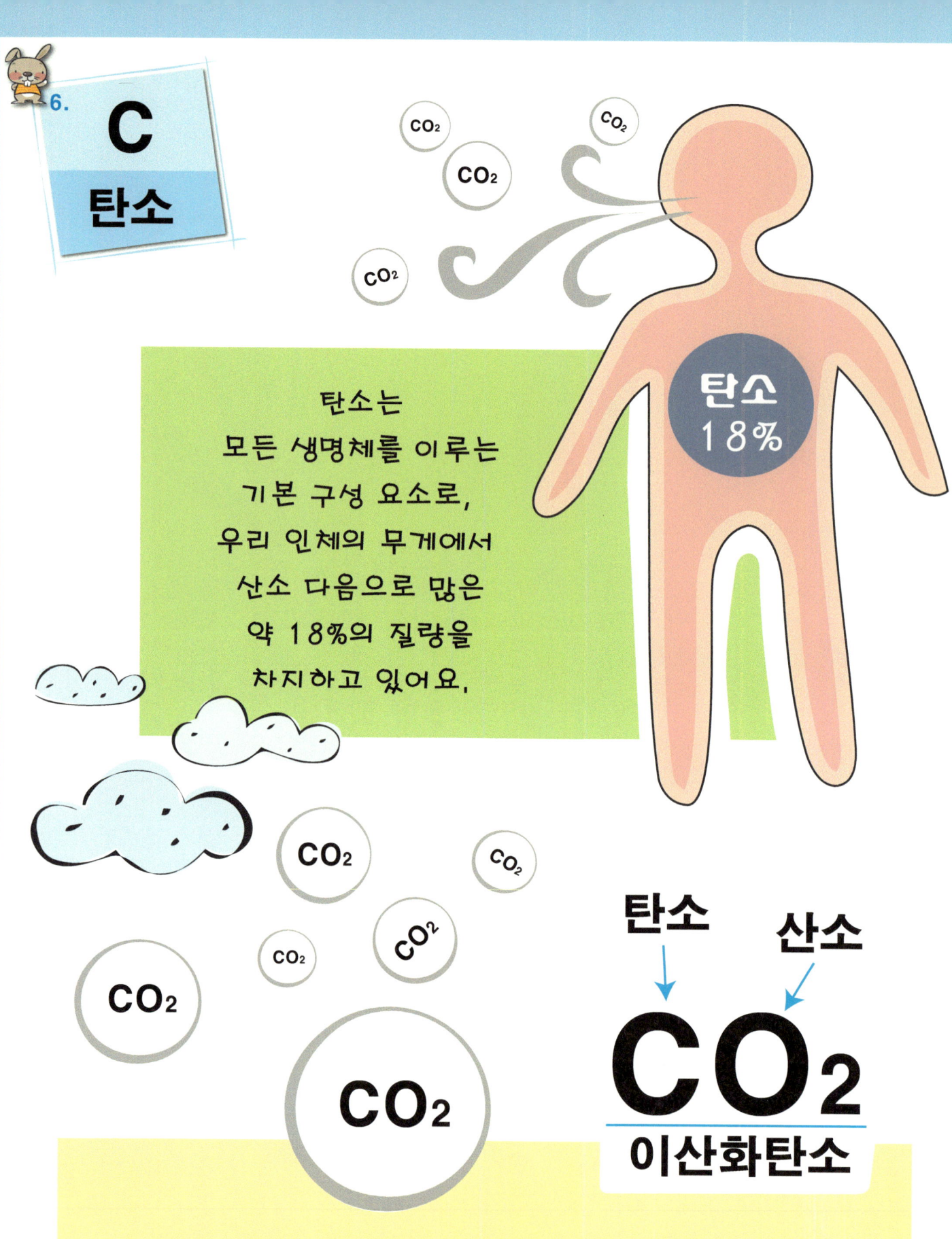

탄소는 모든 생명체를 이루는 기본 구성 요소로, 우리 인체의 무게에서 산소 다음으로 많은 약 18%의 질량을 차지하고 있어요.

탄소 18%

탄소 산소
CO_2
이산화탄소

탄소는 대기 중에 이산화탄소 형태로 존재해요.
우리가 숨을 쉬고 내뿜을 때도 이산화탄소가 나오지요.

6. **C 탄소**

아주 오래전부터 탄소는 숯(목탄)의 형태로 많이 사용되었어요.

숯을 빨갛게 달궈 고기도 구워 먹고 난방도 하고 철을 녹여 농기구도 만들었지요.

6. C 탄소

탄소는 동소체에 따라 매우 다른 특성이 있어요.

연필심 흑연은
탄소로만 이루어져 있어요.
검은색이며
칼로 자를 정도로 무른 물질이에요.
또한 전기도 매우 잘 통해요.

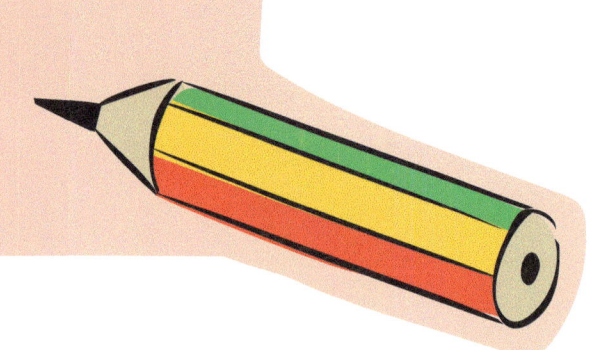

다이아몬드도
탄소로만 이루어져 있어요.
색이 없고 투명하며
전기가 통하지 않아요.
단단한 정도가 1부터 10이면
단단함이 10일 정도로 매우 단단해요.

6. C 탄소

탄소발자국

자동차를 타거나 연료를 태우면서 발생하는
이산화탄소의 양을
탄소발자국이라고 해요.
탄소발자국을 줄여야 기후가 좋아지고
깨끗한 산소를 마시면서
살아갈 수 있어요.

6. C 탄소

유기화합물

탄소와 결합한 물질들이 생명체에서 많이 발견되어 탄소를 포함한 화합물들을 유기화합물이라고 불러요.

우리가 먹는 대부분의 음식물도
탄소 화합물이에요.
음식물을 통해 섭취한 탄소 화합물은
우리 몸을 구성하거나
에너지원으로 쓰여요.

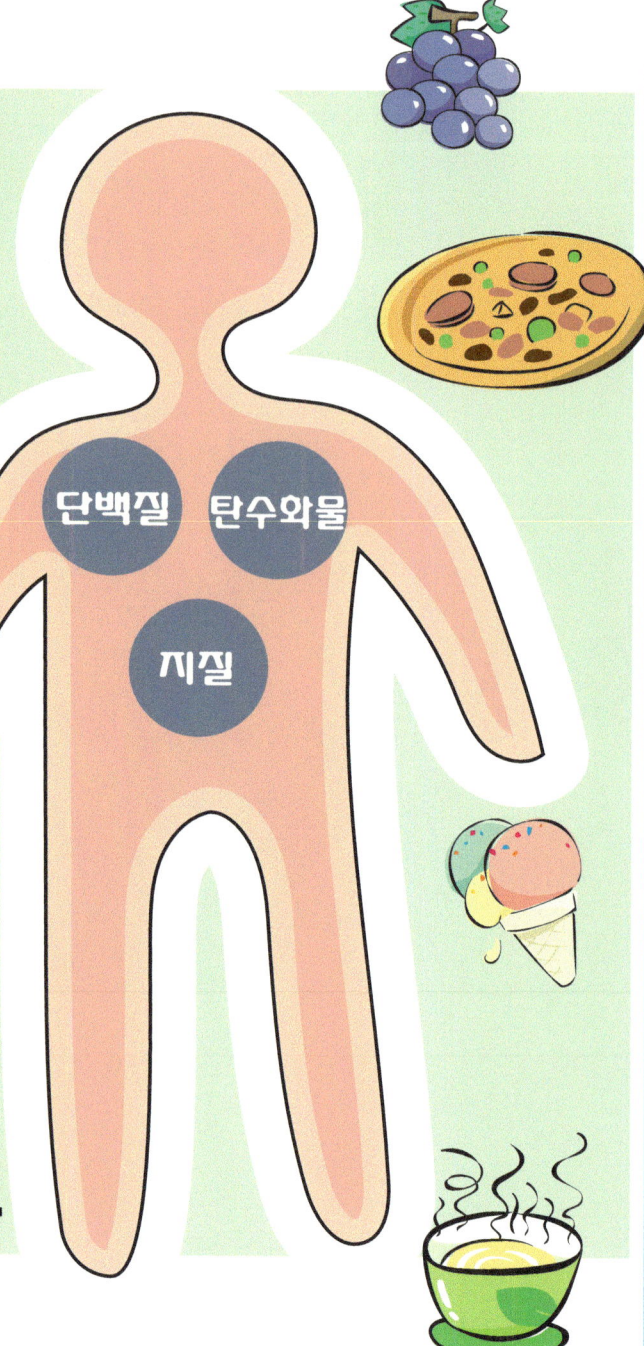

탄소 화합물은 생명체를 구성하고
생명 활동을 하는데 중요한 물질이에요.

6. **C 탄소**

강철

철강에서 강은 탄소강을 의미해요.

탄소가 빠진 순수한 철은 무르다 못해 대충 손으로 주물러도 모양이 변할 정도로 약해요.

그러나 탄소가 조금만 들어가도 아주 단단한 강철을 만들 수 있어요.

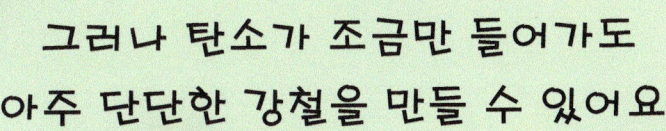

우리가 사용하고 있는 거의 모든 금속제품은 탄소가 들어가요.

7. N 질소

특징

- 색깔 : 무색
- 실온에서 : 기체
- 분류 : 비금속

7. N 질소

질소는 공기에 가장 많이 포함되어 있는 기체로 공기의 약 78% 정도를 차지해요. 그 다음으로는 산소가 약 21%를 차지하지요.

나머지는 이산화 탄소, 아르곤, 수증기 등 소량의 물질들이 공기에 섞여 있어요.

질소는 색과 냄새가 없어요. 우리는 공기 중의 질소를 들이마시고 내뱉지만 몸에는 아무런 영향이 없답니다.

질소가 풍부한 비료를 토양에 섞으면 작물이 잘자라서 질소비료는 인간의 식량을 해결해 주는데 아주 중요한 원소이기도 해요.

7. N 질소

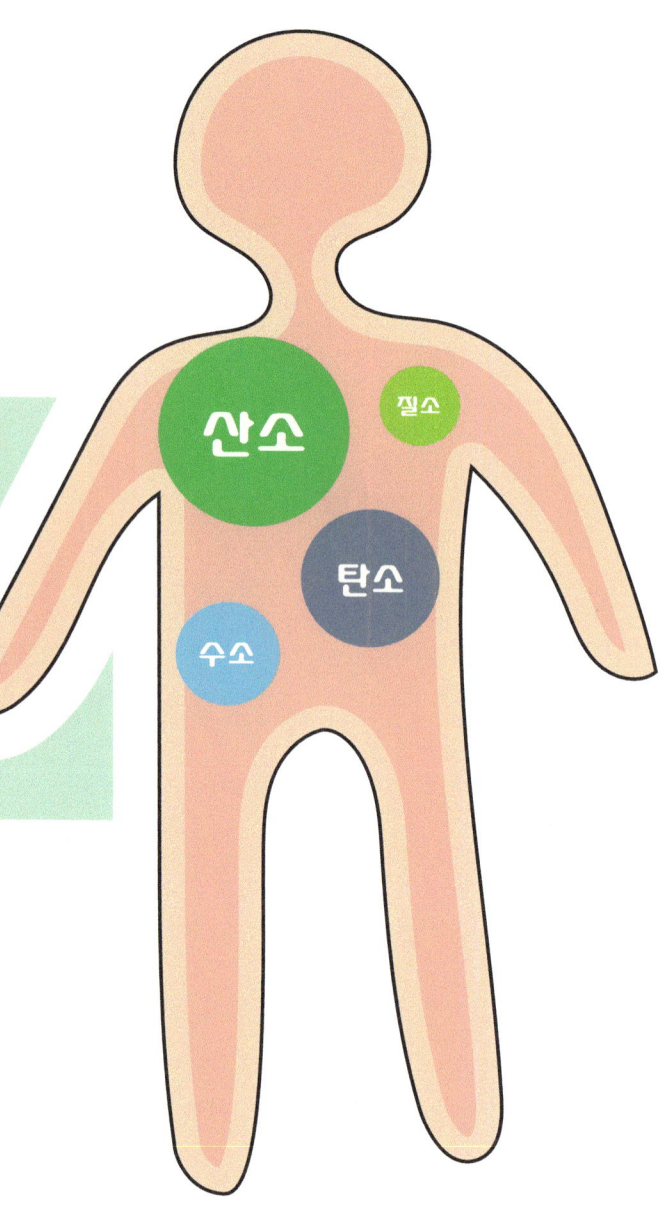

질소는
사람 몸을 이루는 화학 원소로
산소, 탄소, 수소에 이어
우리 몸에 네 번째로 많이
존재해요.

과자봉지를 만지면 빵빵하지요?
튀겨서 만들어지는 과자는 산소를 만나면
몸에 안 좋은 성분이 생기는데
질소가스를 채우면 안전하지요.

8. O
산소

특징

색깔 : 무색

실온에서 : 기체

분류 : 비금속

8. O 산소

산소는 질소 다음으로 공기에 많이 포함된 원소예요. 공기의 약 21%는 산소지요.

$O + O = O_2$ (산소) $O + O + O = O_3$ (오존)

산소원자 두개가 결합한 O_2가 우리가 숨쉴 때 필요한 산소고 산소원자 3개가 결합한 O_3 오존은 오존층으로 존재하여 태양으로부터 인체에 해로운 자외선을 차단해 주어요.

물질이 산소와 결합하는 것을 **산화**된다고 해요.

무엇인가를 태우려면 반드시 산소가 필요해요.
철이 불에 타거나 물에 닿으면
녹스는 이유도 산소 때문이에요.

8. O 산소

우리가 숨을 쉴 때는 산소를 들이마시고 이산화탄소를 뱉어내요.

인간의 경우 산소가 없으면 불과 4분 이내로 싸늘한 시체가 되어요.

10. Ne
네온

특징

색깔 : 무색

실온에서 : 기체

분류 : 비금속

10. Ne 네온

네온은 주로 유리관 등에 넣어
조명으로 사용해요.
전류를 통하면 밝은 오렌지색 빛이 생겨요.

예전에 거리의 빨간빛 간판조명은
거의 네온을 넣어 만들었어요.
그래서 지금도 간판의 알록달록한 빛을
네온사인이라고 불러요.

11. Na
소듐 (나트륨)

특징

- 색깔 : 은백색
- 실온에서 : 고체
- 분류 : 알칼리금속

11. **Na 소듐**

소듐은 나트륨이라고도 불러요.
우리들에겐 나트륨이란 이름이
더 친숙하지요.

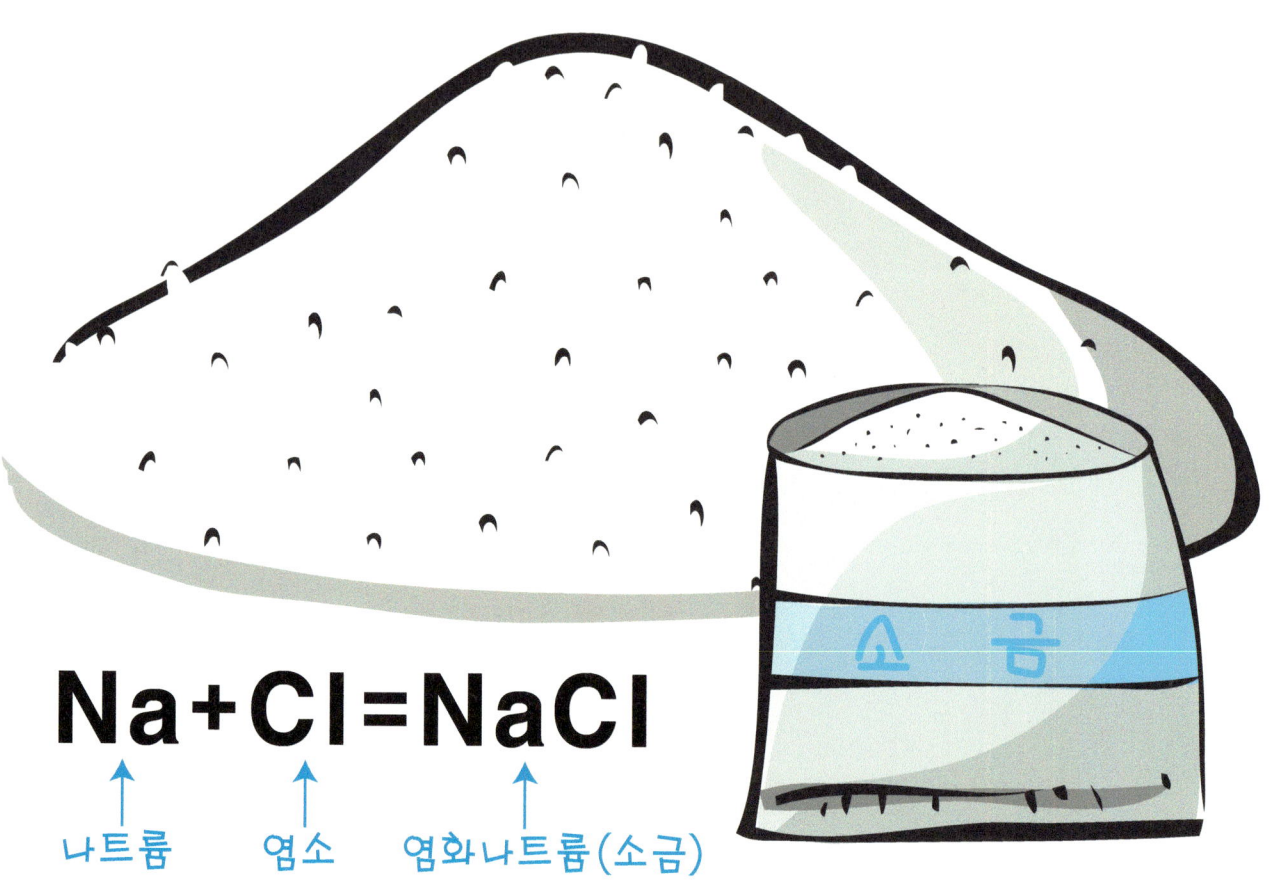

Na + Cl = NaCl
↑　　　↑　　　↑
나트륨　염소　염화나트륨(소금)

소듐은 우리들의 생활과 매우 친숙해요.
우리가 먹는 소금은
소듐이 염소와 결합해서 만들어 낸 것이에요.
그래서 소금을 염화나트륨이라고 불러요.

11. Na 소듐

소듐(나트륨)은 거의 소금으로 존재하고 우리몸에도 들어 있어요.

소듐(나트륨)은 우리몸속에서 근육과 신경을 조절하는 역할을 해요.

소듐(나트륨)은 빵을 부풀리는 베이킹소다에도 들어 있어요.

11. Na
소듐

순수한 소듐(나트륨)은 칼로 쉽게 잘려요.

소듐(나트륨) 금속을 물에 넣으면 불꽃을 일으켜요. 물속에서 불이나 폭발이 일어났다는 내용이 나오면 거의 소듐(나트륨)을 이용한 것이에요.

12. Mg
마그네슘

특징

색깔 : 은백색

실온에서 : 고체

분류 : 금속

12. Mg 마그네슘

마그네슘은 나뭇잎을 초록색으로 만들어 주는 엽록소라는 물질의 주요 원소예요.

식물의 엽록소를 위해 마그네슘은 비료로 사용해요.

마그네슘이 부족하면 식물이 제대로 자라지 못해 수확량이 감소하고 인간은 식량난을 겪을 수도 있어요. 마그네슘이 없다면 식물은 노랗게 변해 모두 죽고 말 거예요.

12. Mg 마그네슘

마그네슘을 가루로 만들어 불을 붙이면 강렬한 흰색으로 타올라요.

지금도 불꽃놀이에 밝고 하얀빛을 내기 위해서 마그네슘 가루를 써요.

12. Mg 마그네슘

마그네슘은 지구상에서 8번째로 많은 원소로, 광석에서는 물론 바닷물에서도 얻을 수 있어요.

바닷물에는 나트륨(NA)과 염소(CL)다음으로 마그네슘이 세 번째로 많이 들어 있어요.

두부를 굳히는 짭조름한 간수에도 마그네슘이 들어있어 두부를 단단하게 하지요.

13. Al
알루미늄

특징

색깔 : 은백색

실온에서 : 고체

분류 : 금속

13. Al 알루미늄

알루미늄은 금속 원소 중에서는 지구상에 철보다 많은 가장 흔한 원소예요.

대신 알루미늄은 광석에서 분리하는 비용이 비싸서 가격은 철보다 몇 배나 더 비싸요.
그래서 재활용률이 높아 꼭 분리수거를 해야 해요.

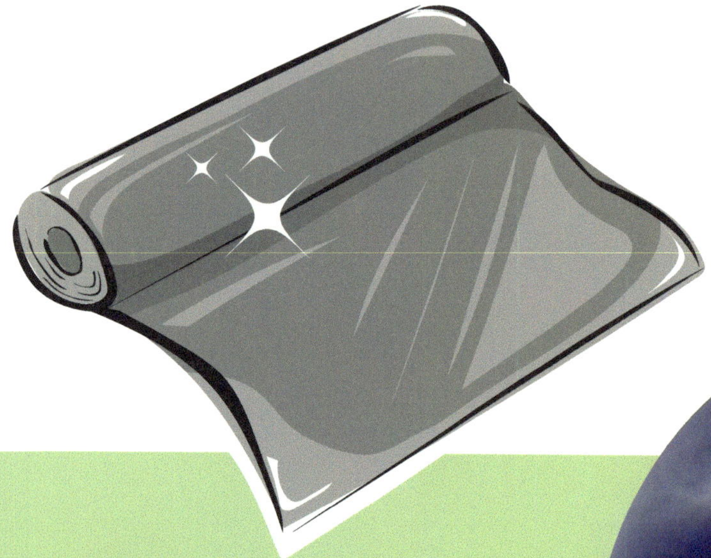

알루미늄은 잘 늘어나고 가공하기 쉬워서 얇고 반짝이는 호일로 사용해요.

13. Al 알루미늄

알루미늄은 가볍고 단단하고 산소와 닿아도 부식되지 않아서 음료수 캔부터 냄비, 여행가방, 비행기까지 우리생활에서 중요하게 사용되고 있어요.

지금은 보기 힘들지만 1원짜리 동전은 100% 알루미늄으로 만들었어요.

14. Si
규소

특징

색깔 : 암회색

실온에서 : 고체

분류 : 반금속

14. Si 규소

규소는 우주에서는 여덟번째로 많은 원소예요.

난 우주에서 여덟번째로 많은 원소야.

규소는 컴퓨터나 스마트폰에 들어있는 반도체를 만드는 중요한 원소예요.
반도체란 전기를 통하는 것과 통하지 않는 것의 중간적인 물질로 전류가 흐르는 정도를 조절할 수 있는 재료를 말해요.

14. Si 규소

규소는 실리콘이라고도 불려요. 그래서 미국의 반도체 회사들이 모여 있는 지역을 **실리콘밸리**라고 불러요.

실리콘밸리에는 반도체 중심의 하드웨어 계통 업체들이 밀집되어 있어요. 삼성반도체, SK하이닉스 등 우리나라의 반도체 회사들도 이곳에 지점을 가지고 있지요.

14. Si 규소

유리제품은 규소를 섞어 만들어요.
우리들이 사먹는 음료병부터 창문 등등
많은 유리제품에는 규소가 들어가 있어요.

음료수병

자동차 유리

유리어항

세탁기 유리

14. Si
규소

규소가 원료인 실리콘 제품의 주방도구는 우리 주변에서도 쉽게 볼 수 있어요.

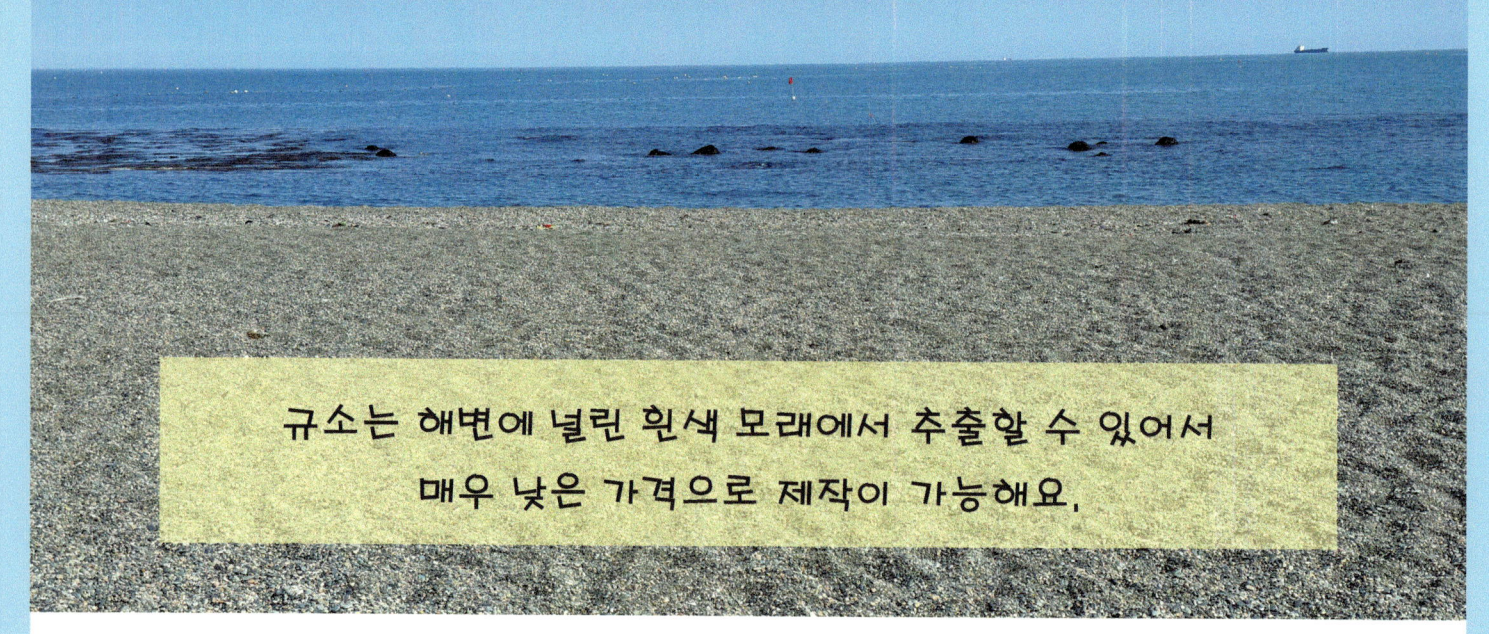

규소는 해변에 널린 흰색 모래에서 추출할 수 있어서 매우 낮은 가격으로 제작이 가능해요.

15. P 인

특징

색깔 : 담황색, 암적색

실온에서 : 고체

분류 : 비금속

15. P 인

인은 누리끼리한 왁스 형태의 백린, 검고 광택이 있어 흑연과 비슷해 보이는 흑린, 희귀한 자린, 그리고 성냥갑에 묻어 있는 적린 등이 있어요.

인은 오줌에서 발견됐어요. 오줌을 끓였더니 흰색가루가 생겼는데 이것이 인 화합물이었어요.

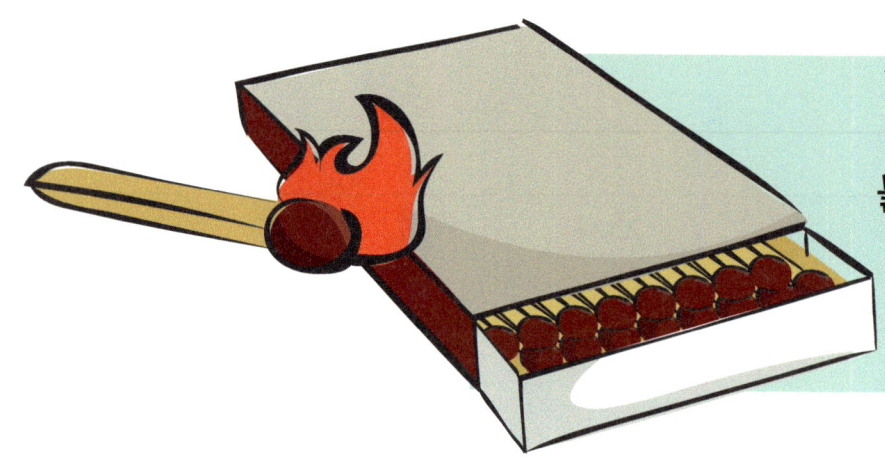

붉은색 인은 성냥갑 옆면의 긋는 부분에 사용을 해요.

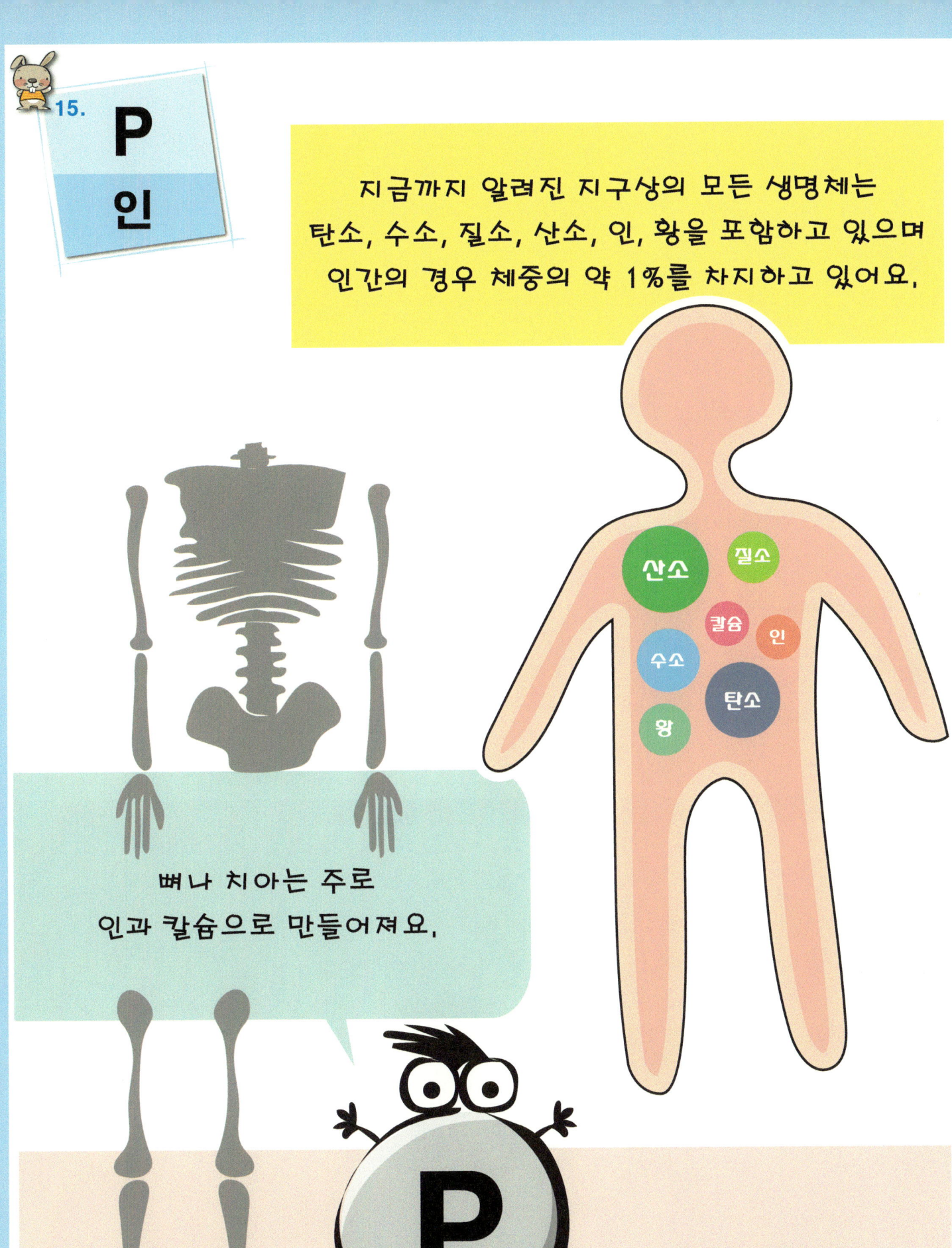

15. P 인

인은 비료로도 사용되며 질소, 칼륨과 함께 비료의 3대 요소예요.

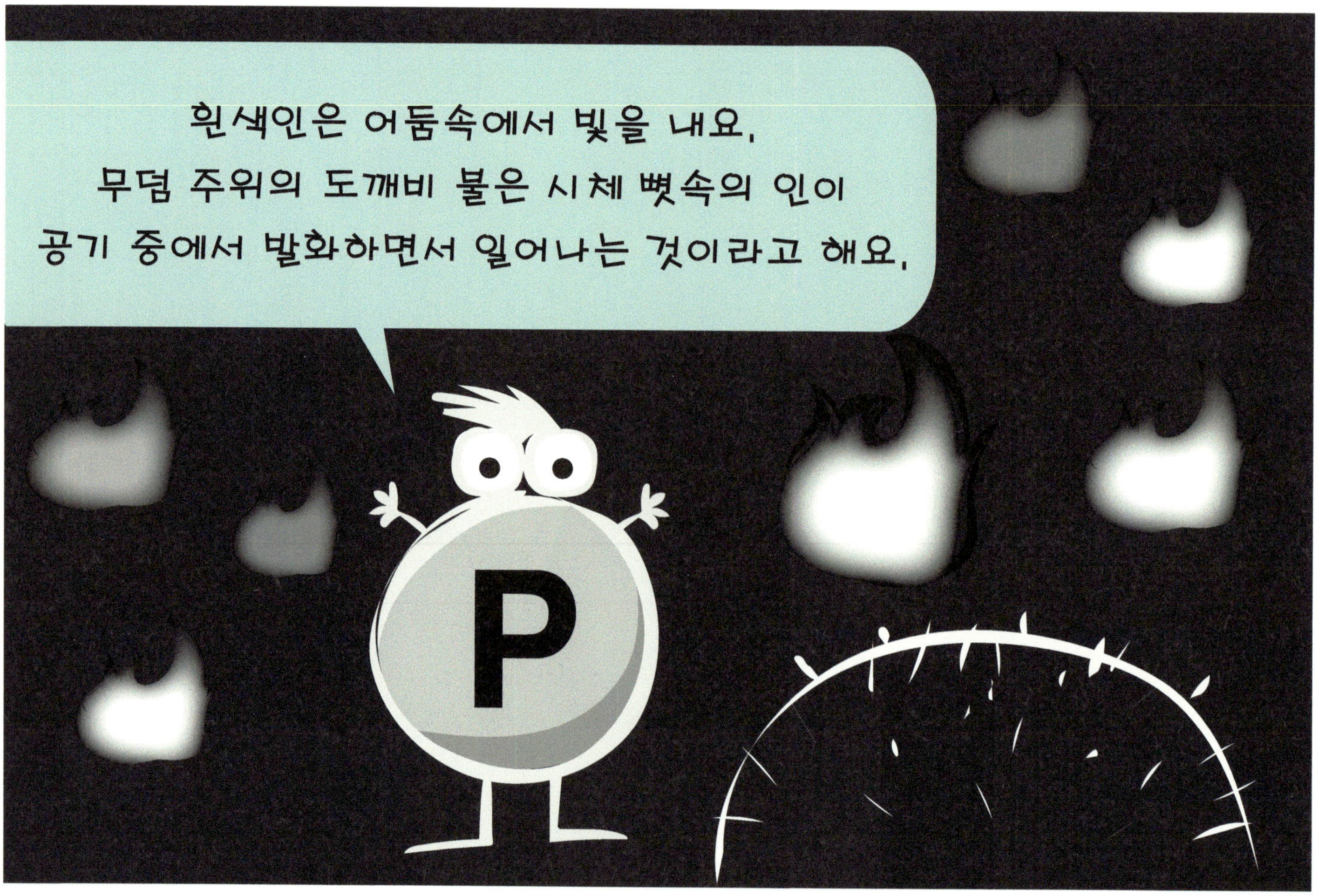

흰색인은 어둠속에서 빛을 내요. 무덤 주위의 도깨비 불은 시체 뼛속의 인이 공기 중에서 발화하면서 일어나는 것이라고 해요.

16. S
황

특징

색깔 : 담황색

실온에서 : 고체

분류 : 비금속

16. **S 황**

황은 단백질과 뼈를 만들어 주는 아주 중요한 원소예요.

황은 인체에 한 숟갈 정도 들어 있는데 주로 머리카락, 손톱, 피부 등에 포함되어 있어요.

16. **S** 황

황은 수소와 결합하면
썩은 달걀냄새가 나요.

스컹크가 뀌는 방귀에는
황이 섞인 수소화합물이 들어있어서
지독한 냄새가 나지요.

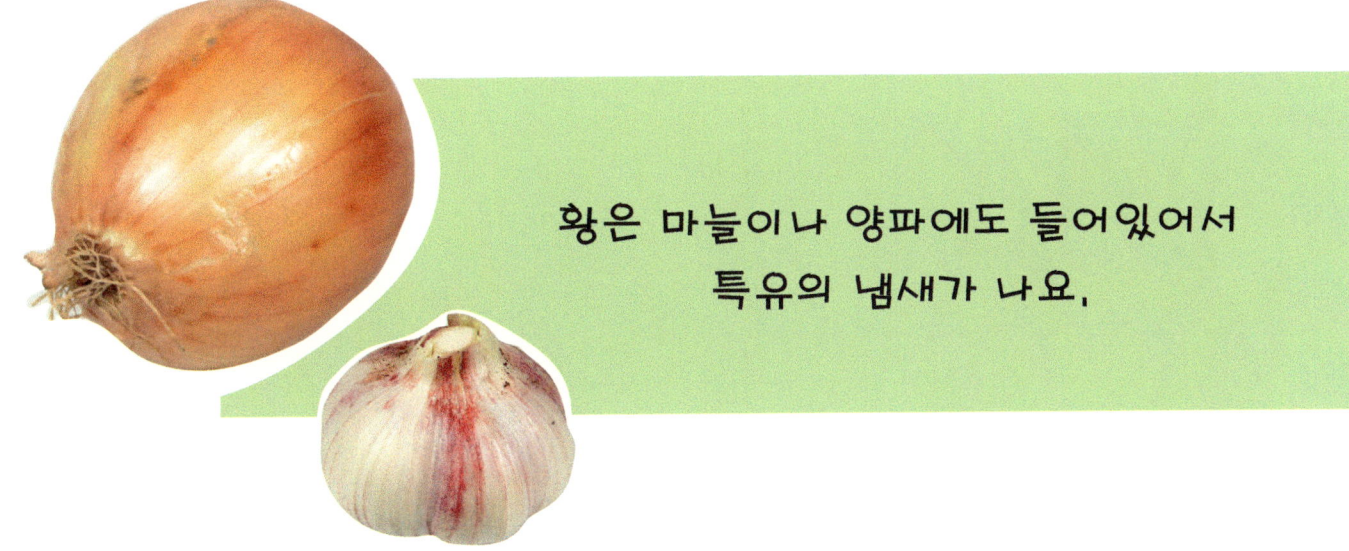

황은 마늘이나 양파에도 들어있어서
특유의 냄새가 나요.

16. **S 황**

황은 화산지대에서 황색의 결정으로 존재하는 물질이에요.

인처럼 쉽게 불꽃을 터트릴 수 있어서 불타는 돌, 또는 유황이라고 불러요.

16. **S 황**

고무와 황을 섞어서 가열하면 고무가 10배 강해져요.

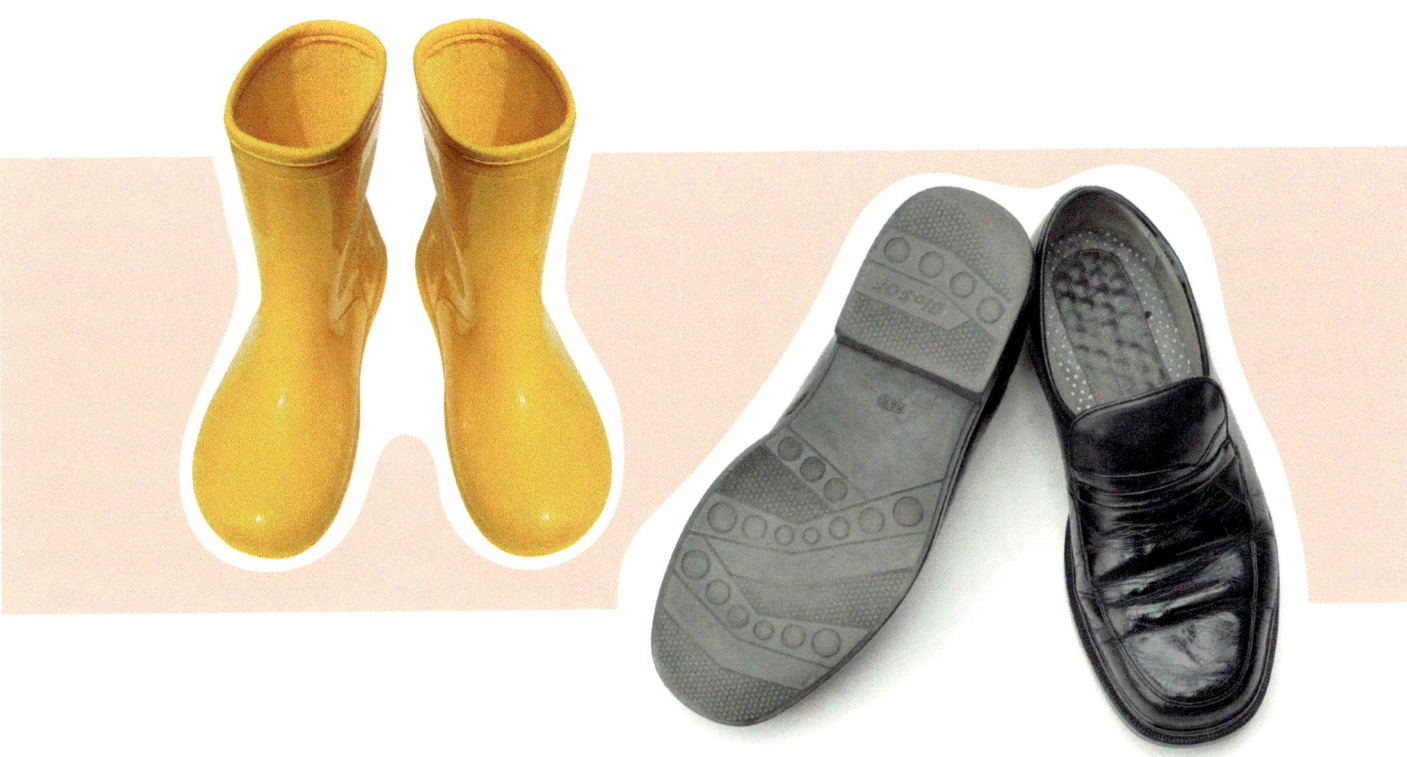

이렇게 강해진 고무는 신발밑창이나 고무장화, 타이어를 만들어요.

17. Cl
염소

특징

색깔 : **황녹색**

실온에서 : **기체**

분류 : **비금속**

17. Cl 염소

염소는 황녹색 기체로 자극적인 냄새가 나요.

우리가 흔히 수영장 냄새 혹은 락스 냄새라고 알고 있는 것이 바로 염소 때문이에요.

화장실 변기에 락스를 뿌릴때 나는 냄새의 원인도 염소때문이지요.

17. Cl 염소

고농도의 염소는 독성도 강하고 극도로 위험하지만, 적은 양의 염소는 항균작용을 해요.

냄새가 자극적인 살균소독제 락스의 재료가 염소예요.

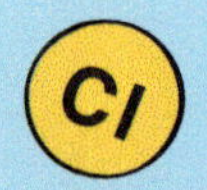

수돗물이나 수영장물의 세균을 죽이고 항균작용을 위해 염소를 넣어요.

심한 수영장 냄새는 염소에 땀과 오줌 등 불순물이 많이 섞여 나는 것으로 염소 냄새가 많이 날수록 수질이 나쁘다는 것이지요.

17. Cl 염소

염소는 일상에서 흔히 볼 수 있는 물질들의 구성 요소이기도 해요.

나트륨   염소   염화나트륨(소금)

$$Na + Cl = NaCl$$

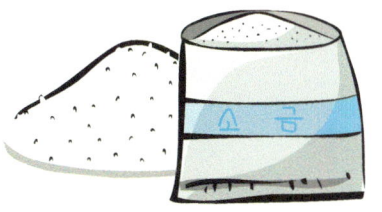

염소에 소듐(나트륨)이 결합하면 소금이 되고, 염소에 칼슘을 결합하면 겨울에 눈을 녹이는 제설제가 되지요.

칼슘   염소   염화칼슘(제설제)

$$Ca + Cl = CaCl_2$$

17. Cl 염소

염소는 우리 몸에 필수적인 원소 중 하나이기도 해요. 우리가 음식을 먹을 때 나오는 위액의 주성분만 해도 염산이에요.

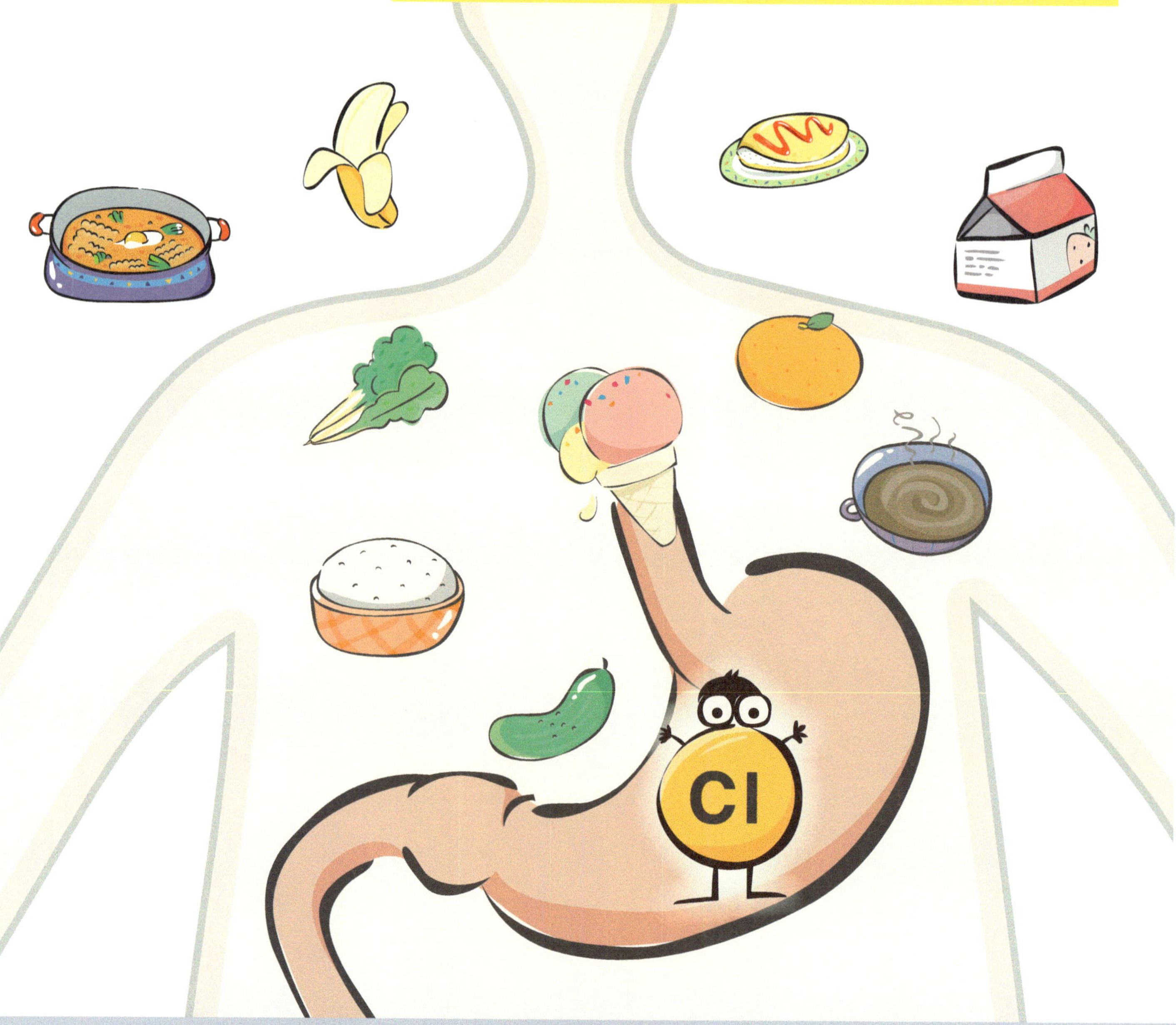

위액 속의 염산을 위산이라고 하는데, 소화작용에 필요한 물질 뿐만 아니라, 살균작용도 있어서 여러 가지 세균이 십이지장으로 가는 것을 막아줘요.

19. K

포타슘(칼륨)

특징

색깔 : 은백색

실온에서 : 고체

분류 : 알칼리금속

19. K 포타슘(칼륨)

대부분의 식물은 생장하는데 포타슘을 필요로 해요. 포타슘은 식물의 재에서 발견했어요.

포타슘은 식물의 수분 조절 역할을
하기 때문에 질소, 인(인산염)과 함께 비료의
3대 요소로 꼽혀요.
재가 비료로 쓰이는 이유가 재에 포타슘이 포함되어 있어서지요.

19. K
포타슘(칼륨)

포타슘은 보리 한알 정도만 물에 넣어도 엄청난 연기를 내뿜으며 '펑' 터져요.

증기로 이루어진 버섯구름을 볼 수 있지요.

19. K 포타슘(칼륨)

옛날에는 포타슘이 풍부한 나무 잿물에 동물의 지방을 넣어 비누를 만들었어요.

칼륨은 강화 유리를 만들 때 쓰이기도 해요.
유리를 만들 때 칼륨을 첨가하면
충격에 강해져 강화유리가 되지요.

19. K 포타슘(칼륨)

초식동물은 소금을 매우 좋아해요.
주식이 풀이다보니 포타슘 섭취량은 많은데
나트륨을 섭취할 기회가 없어서
소금만 보면 환장하지요.

내가 좋아하는 소금이다.

고혈압 환자들이 먹는 저염 소금에
나트륨 대신 들어가는 것이 칼륨이에요.
염화나트륨의 절반 정도를
염화칼륨으로 대체한 것이 저염 소금이지요.

Na+Cl=NaCl   K+Cl=KCl

나트륨   염소   염화나트륨(소금)   칼륨   염소   염화칼륨(저염소금)

20. Ca
칼슘

특징

색깔 : 은백색

실온에서 : 고체

분류 : 알칼리토금속

20. **Ca** 칼슘

칼슘은 생명체, 특히 사람과 동물에게 필수적이에요.

칼슘은 원소 중에서는 산소, 탄소, 수소, 질소에 이어 우리 몸에 다섯 번째로 많이 존재해요.

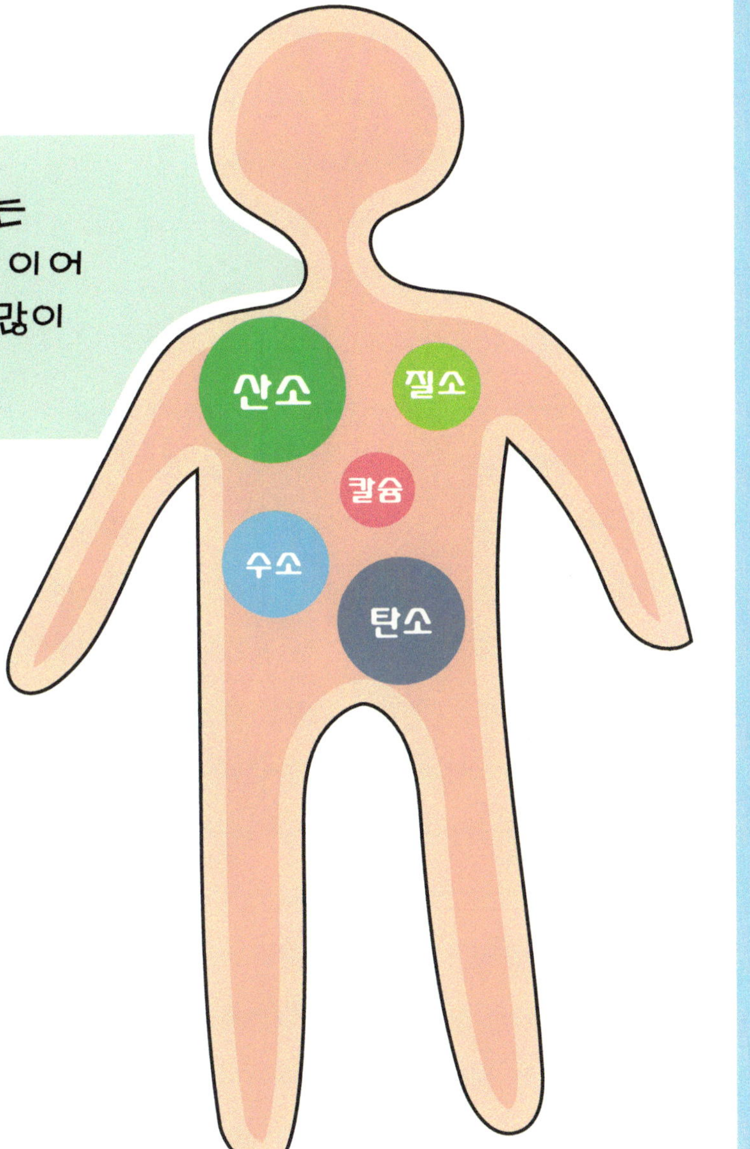

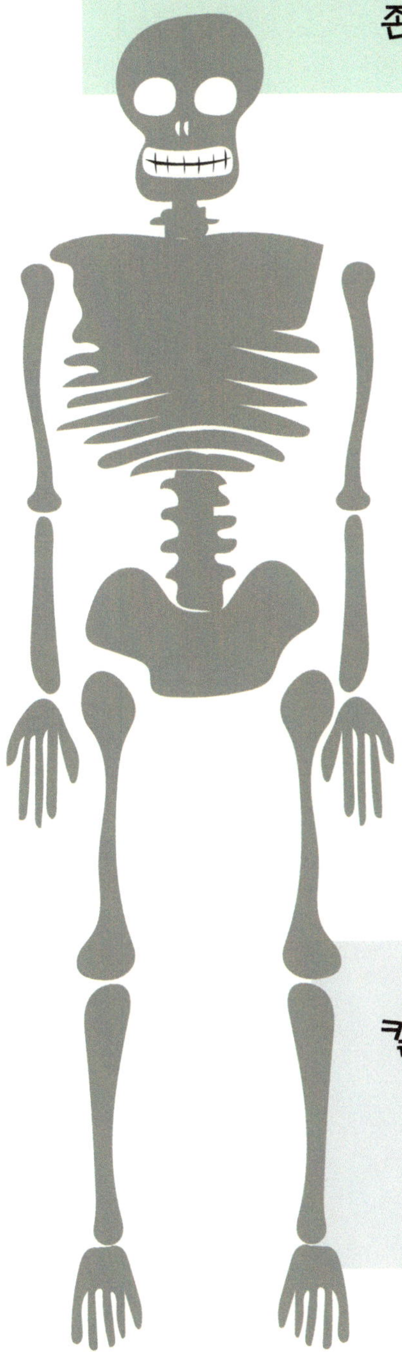

칼슘은 대부분 뼈와 치아를 만드는 데 사용되지만 1%가량은 근육이나 신경의 기능을 조절하고 혈액 응고를 도와 주어요.

20. Ca
칼슘

사람에게 필요한 칼슘은 음식물에 충분히 들어 있어요.

채소나 우유 및 유제품, 두부 그리고 멸치같이
뼈째로 먹을 수 있는 생선 등을 통해서 칼슘을 섭취할 수 있어요.

20. Ca 칼슘

순수한 형태의 칼슘은 알루미늄처럼 빛나는 금속이지만 늘 다른 원소화 결합하여 사용해요.

다른 원소화 결합하면 흰색으로 변하고 돌처럼 딱딱해져요.

은은한 빛을 내는 진주의 재료도 탄산칼슘이에요.

부드러운 분필이 순수한 탄산칼슘이에요.

석회암(탄산칼슘)에 모래, 물, 자갈을 섞으면 시멘트 원료가 돼요.

21. Sc
스칸듐

특징

색깔 : 은백색

실온에서 : 고체

분류 : 전이금속

21. **Sc** 스칸듐

스칸듐은 엄청나게 단단한 원소예요.

매우 희귀해서 알루미늄에 조금 섞어
전투기나 야구방망이 등 아주 단단한 합금을 만들 때 사용하지요.

22. Ti
타이타늄

특징

색깔 : 은백색

실온에서 : 고체

분류 : 전이금속

22. Ti 타이타늄

타이타늄은 엄청나게 단단하지만 매우 가볍고 녹이 슬지 않고 채굴이 매우 어려워 비싼 원소예요.

가볍고 강한 소재가 필요한 안경테, 골프채, 최고급 테니스 라켓과 제트엔진재료를 만들 때 쓰여요.

22. Ti 타이타늄

타이타늄은 독성이 거의 없어서 인체 여러 곳에서 사용하고 있어요.

부서진 뼈를 지지해주는 핀이나 임플란트 재료, 대체 엉덩이 관절로 사용해요.

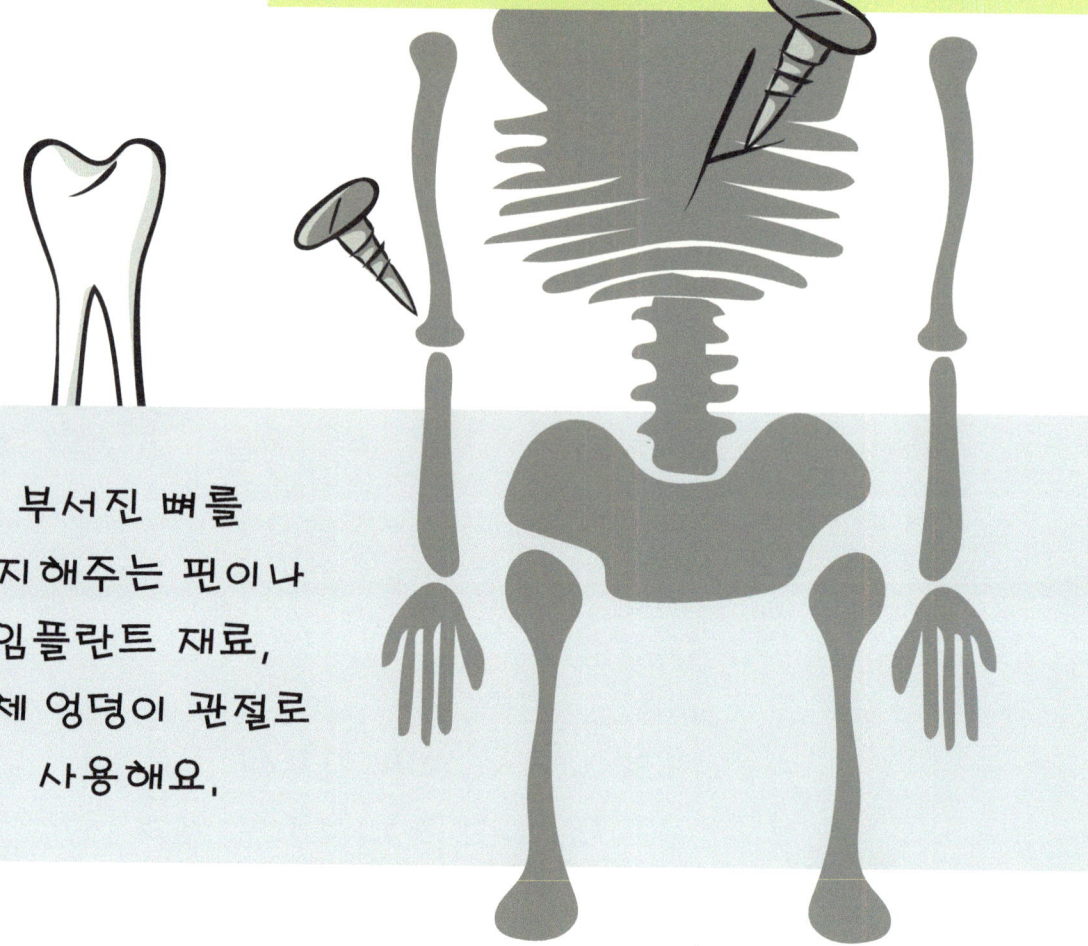

강한데다 부식도 잘 되지 않아서 물이나 바닷속 건축자재로도 활용해요.

24. Cr 크로뮴

특징

색깔 : 은백색

실온에서 : 고체

분류 : 전이금속

24. Cr 크로뮴

크로뮴은 단단하고 부식되지 않아 철을 도금하는데 사용해요.

크로뮴에 철과 니켈을 섞으면 녹이 잘 슬지 않는 스테인리스가 만들어져요. 스테인리스는 물 사용이 많은 주방도구 등의 재료로 사용하지요.

26. Fe
철

특징

색깔 : 은백색

실온에서 : 고체

분류 : 전이금속

26. Fe 철

철은 지구 전체에서는 가장 흔한 금속으로 지구 질량의 35%를 구성하는 중요한 금속입니다.

철은 자석에 잘 붙습니다. 쇠로 된 물건이 자석에 붙으면 그 물건들은 철이 들어간 거지요.

26. Fe 철

망치, 못

가마솥

철은 가격이 싸고 가공하기 쉬워서 생활속에서 쉽게 만날 수 있어요.

프라이팬

건축물 뼈대

자동차몸체

철에 소량의 탄소를 섞으면 굉장히 단단한 강철금속이 되요. 이것들은 자동차나 전철, 튼튼한 건물의 뼈대를 세우는데 사용하지요.

철은 사람의 몸속에도 들어 있어요.

혈액속에 들어있어서 폐에서 전신으로 산소를 운반하는 역할을 해요. 피가 빨간색인 것도 피에 철이 섞여서랍니다.

철이 없으면 산소가 몸속에 골고루 전달이 되지 않아 빈혈이 생겨 쓰러질 수 있어요.

28. Ni
니켈

특징

색깔 : 은백색

실온에서 : 고체

분류 : 전이금속

28. Ni 니켈

니켈은 단단한 은백색의 금속으로 색이 있는 금속(금, 구리 등)에 니켈을 섞으면 색이 없어지는 효과가 있어요.

100원, 500원 등 은색의 동전은 대부분 구리 75%, 니켈 25%를 섞어 만든 것이에요.

철 65% 니켈 35%로 이루어진 합금은 열로 인한 외형변화가 거의 없어서 시계 등의 정밀기계부품 제작에 사용되고 있어요.

28. Ni 니켈

니켈과 금의 합금은
화이트 골드라고 불러요.

금반지 금목걸이를 살 때
18K, 14K 화이트골드라고 하는 것이
바로 금에 니켈을 섞은 것이지요.

일부 금속성 운석은
주성분이 철과 니켈로 되어 있어요.
철과 니켈 합금은 자연적으로는
지표면에서 발견되지 않기때문에
우주에서 떨어진
운석임을 알 수 있지요.

29. Cu
구리

특징

색깔 : **빨간색**

실온에서 : **고체**

분류 : **전이금속**

구리 광석은
눈에 띄는 청록색을 띠고 있어서
광맥 발견이 쉬워 일찍부터 이용되었어요.

구리는 큼지막한 공예품을 만드는 재료로 인기가 높아요.

구리에 주석을 섞으면 청동,
구리에 아연을 섞으면 황동,
구리에 니켈을 섞으면 백동으로
조형물을 만들때 많이 쓰여요.

29. Cu 구리

동전의 대부분은 구리를 섞어 만들어요.
동전의 '동' 자는 한자로 구리동(銅)이에요.

10원 동전은 예전에는
구리88%, 아연 12%로 만들었어요.
그러나 10원의 가치보다
동전 만드는 가격이 너무 비싸서
지금은 구리48% 알루미늄52%로
만들어요.

100원, 500원 동전은
구리75% 니켈25%
50원 동전은 구리70% 아연 18%
니켈 12%로 만들어요.

올림픽 등에서 3등에게 주는
동메달의 주 재료도 구리예요.

29. Cu 구리

미국에 있는 자유의 여신상은 구리를 활용한 유명한 동상이에요.

자유의 여신상은 처음에는 붉은색이었는데 산화 작용으로 인해 지금의 푸른색이 된 것이지요.

29. Cu 구리

구리는 전기전도성 열전도성이
은에 이어 2위로
전기가 있는 곳엔 반드시 구리가 있어요.

은은 가격이 비싸기때문에
은보다 저렴한 구리를 사용해요.

대부분의 전선이 구리이므로
엄청나게 사용한다고 보면 되지요.

30. Zn
아연

특징

색깔 : 청백색

실온에서 : 고체

분류 : 금속

30. Zn 아연

아연은 세포 성장, 면역 등 체내의 여러 가지 작용에 필수적인 원소예요.

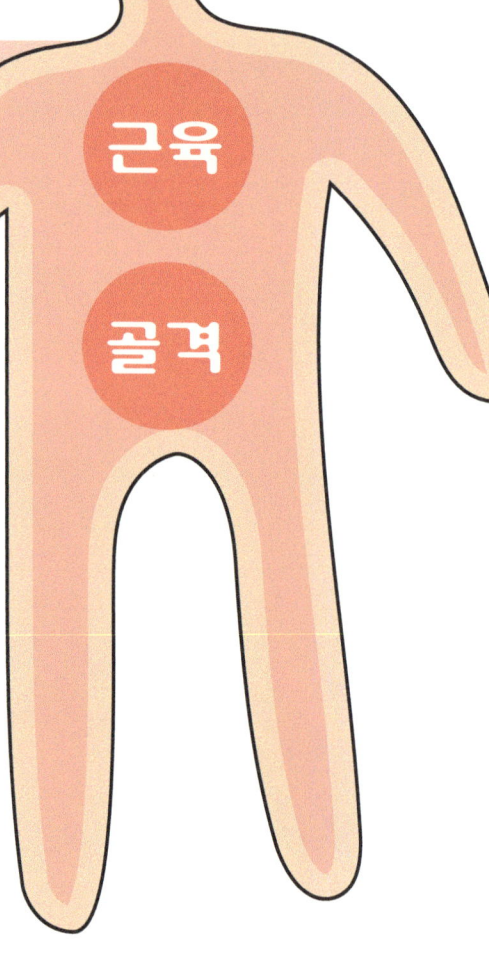

근육

골격

아연은 우리 몸에 약 1.5~2.5g 함유되어 있으며, 그 중 약 60%는 근육에, 나머지는 골격 등에 분포되어 있어요.

아연은 오십원 동전을 만들 때도 필요해요. 오십원 동전에는 구리 70%, 니켈 12%, 아연 18%가 포함되어 있어요.

30. Zn 아연

구리와 아연을 섞으면 황금빛의 황동이 돼요.

황동은 색소폰, 트럼펫 등의 금관악기를 만드는데 사용해요.

트럼펫

색소폰

철이 녹스는 것을 방지하기 위해 아연을 입힌 것이 함석이에요.
아연을 입히면 부식을 방지하지요.
함석은 시골 농막 등의 지붕으로 사용해요.

46. Pd
팔라듐

특징

색깔 : 은백색

실온에서 : 고체

분류 : 전이금속

46. Pd 팔라듐

팔라듐은 광택이 있는 은백색의 금속으로 매우 희귀하여 가격이 비싸요.

금이나 은과 섞어 악세서리를 만들기도 하고 금괴나 은괴처럼 팔라듐괴를 만들 정도로 가치가 높지요.

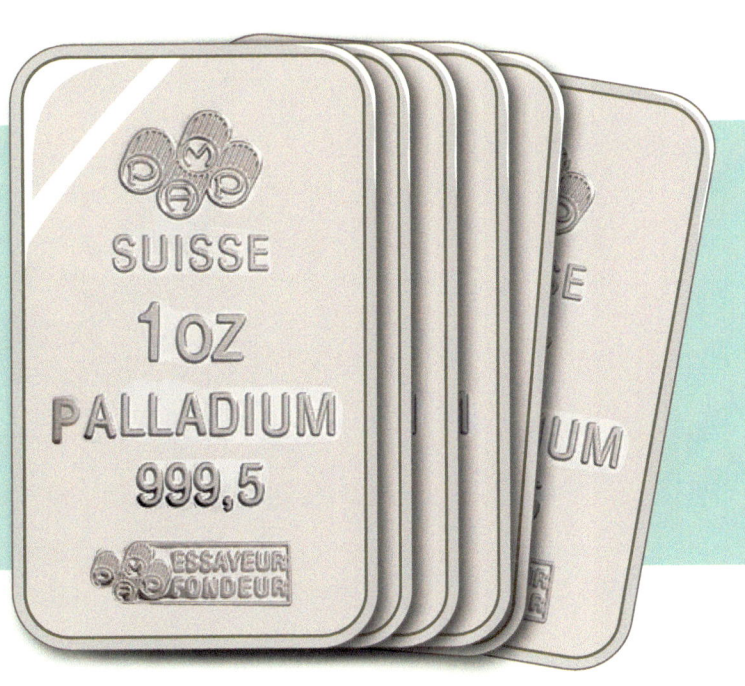

팔라듐은 상온에서 부피의 900배 이상의 수소를 흡수하는 성질을 가지고 있어서 간단히 수소를 저장할 수 있는 수소저장합금에 이용되기도 해요.

47. Ag
은

특징

색깔 : 은백색

실온에서 : 고체

분류 : 전이금속

47. Ag 은

은은 금속 중에서 열전도성과 전기전도성이 가장 높아요.

전선 등에는 주로 구리를 사용해요. 은보다 싸기 때문이지요.

은은 비싸기 때문에 대량으로 사용하기는 힘들어요.

은은 열 전도성이 가장 높은 금속이지만 고가의 금속이기 때문에 전선 등의 대량 산업용에는 은 다음으로 열 전도성이 높은 구리를 주로 사용해요.

47. Ag 은

은은 빛이 매우 아름다우며 광택이 있고 항균작용이 있어요.

옛날 임금님은 음식에 독이 있는지 확인할 때 은 수저를 사용하였어요.

독이 들어 있으면 은색이 검게 변하거든요.

은은 금속 중에서 반사율이 가장 높아 거울의 재료로 쓰이고 은메달을 만들 때도 사용해요.

47. Ag 은

은 이온은 세균, 바이러스에게 치명적이고 항균효과가 탁월하므로 세균 번식을 방지해요.

땀이나 세균이 많은 세탁물의 살균을 위해 은나노 세탁기 등의 제품이 나오기도 했고, 빨래한 후에 쓰는 섬유유연제에 은나노 성분을 첨가하기도 해요.

미국 서부 개척시대에는 항상 은화 하나를 우유 단지 안에 넣어 두었는데, 이를 통해 우유가 빨리 상하는 것을 막을 수 있었대요.

47. Ag 은

은은 금과는 달리 오래 방치해 두면 표면이 검게 변색하므로 관리를 잘 해야 해요.

검게 변색된 은제품을 알루미늄 호일에 싸서 물에 끓이면 은 제품이 본래 색으로 돌아와요. 대신 은박지가 검게 변색되지요.

은은 신생아 감염방지 안약의 성분으로도 쓰여요.

은은 칫솔의 세균번식을 막는데도 쓰이지요.

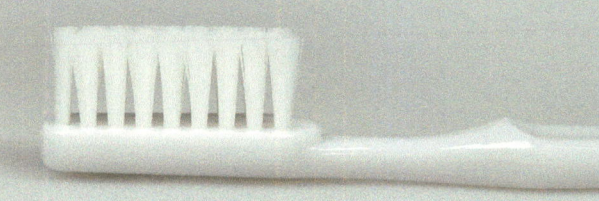

48. Cd
카드뮴

특징

색깔 : 은백색

실온에서 : 고체

분류 : 금속

48. Cd 카드뮴

카드뮴은 인체에 굉장히 유독한 1군 발암물질로 4대 공해병 중 하나인 이타이이타이병을 일으키는 원소예요.

카드뮴은 체내에 섭취되면 재채기를 하거나 누군가 건드리기만 해도 뼈가 부서질 정도로 뼈가 약해져요.

아파.....아파...

이타이이타이병은 처음에는 아픔을 호소하다가 점점 걸을 수 없게 되어 마지막에는 '이타이이타이(아파! 아파!)'라고 외치며 죽어가는 병이에요.

48. Cd 카드뮴

카드뮴은 의외로 우리 주변에서 쉽게 섭취할 수 있어요.

한국인의 카드뮴 섭취 원인식품은 김과 미역, 다시마, 바지락조개와 게, 낙지, 문어의 내장 등이에요.

이는 다른 식품에 비해 어패류와 해조류에 카드뮴을 포함한 중금속이 상대적으로 많기 때문이지요.

카드뮴은 담배에도 들어있으며 흡연 시 심혈관, 신경계에 악영향을 주고 폐암 유발, 신장 및 전립선암, 유방암을 유발해요.

50. Sn 주석

특징

색깔 : 은백색

실온에서 : 고체

분류 : 금속

50. Sn 주석

주석은 부드러운 은백색의 금속으로, 인체에 무해하고 다루기가 쉬워요.

철판에 주석을 도금한 양철은 통조림깡통을 만드는 데 쓰여요. 철은 싸지만 녹이 쉽게 나기 때문에 주석을 입혀 녹을 방지해요.

작가들의 동상은 보통 구리에 주석을 섞어요. 주석은 독성이 없고 색이 바뀌지 않고 반짝이며 잘 녹아 조각상을 만들 수 있어요.

56. Ba
바륨

특징

색깔 : 은백색

실온에서 : 고체

분류 : 알칼리토금속

56. Ba 바륨

바륨은 소량이라도 인체에 흡수되면 사망할 정도로 위험해요.

대신 특수한 엑스레이 검사나 CT 촬영때 마시는 조영제는 바륨에 황산을 섞은 황산 바륨($BASO_4$)이라 안전하지요.

바륨은 불꽃속에서 녹색을 띠어요. 우리들이 불꽃놀이에서 보는 녹색은 바륨을 이용한 것이지요.

58. Ce
세륨

특징

색깔 : 은백색

실온에서 : 고체

분류 : 전이금속

58. Ce 세륨

세륨은 지각에 가장 많이 존재하는 흔한 원소예요.

세륨은 마찰을 일으키면 불이 붙어서 라이터부싯돌로 쓰여요.

부싯돌

세륨은 자외선을 흡수하는 성질이 있어 선글라스나 자동차 유리에도 쓰여요.

73. Ta
탄탈럼

특징

색깔 : 은회색

실온에서 : 고체

분류 : 전이금속

73. Ta 탄탈럼

탄탈럼은 강회색의 단단한 금속으로 이름은 낯설지만 사용하는 곳은 많아요.

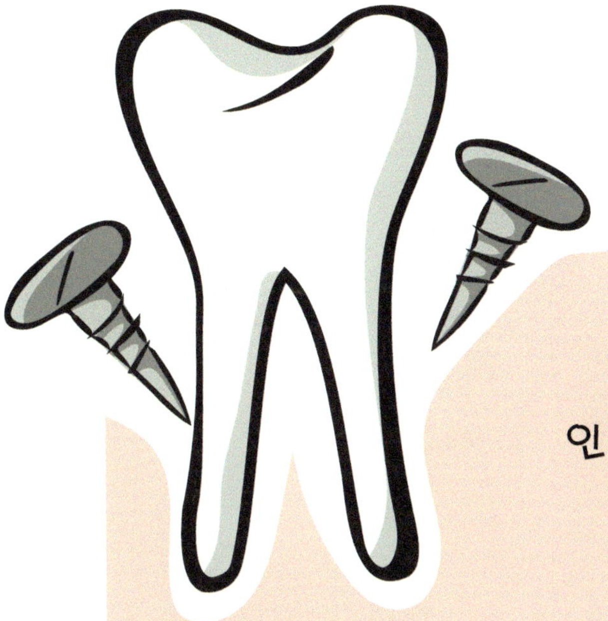

부식에 매우 강하고 인체에 영향을 주지 않기 때문에 수술 도구, 인공 뼈와 치아 임플란트용 나사를 만드는데 사용해요.

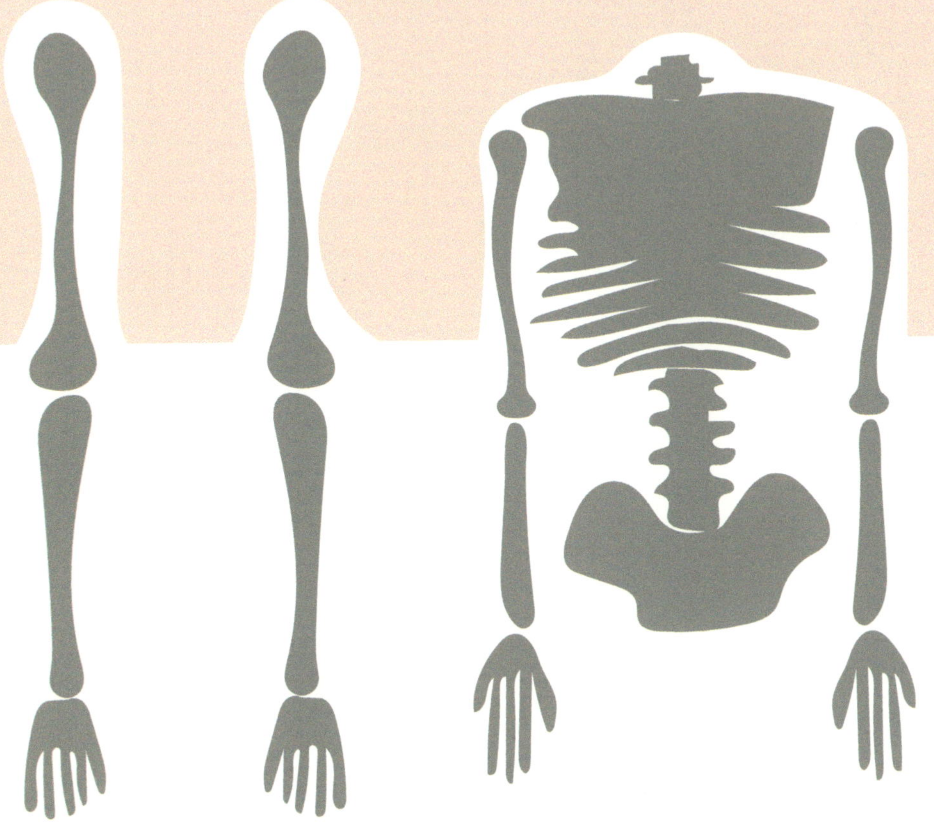

74. W 텅스텐

특징

색깔 : 은백색

실온에서 : 고체

분류 : 전이금속

74. W 텅스텐

텅스텐은 밀도가 매우 높아 무겁고 아주 단단한 금속원소예요.

다트의 금속부분, 볼펜촉 등 작은 금속을 무겁게 만들때 사용해요.

장갑차량의 두터운 장갑이나 외벽 등을 관통하기 위한 철갑탄두의 재질이기도 해요.

78. Pt
백금

특징

색깔 : 은백색

실온에서 : 고체

분류 : 전이금속

78. Pt 백금

백금은 플래티넘이라고도 불리며 아름답고 부식이 잘 되지 않는 희귀 원소예요.

백금은
반지, 팔찌, 귀걸이 등의 악세서리를 만드는데 사용되요.
비슷한 색의 은이나 화이트 골드와 달리
부식되지 않는 성질을 지녀
다이아몬드에 가장 잘 어울리는 금속이라는 평을 받지요.

백금은 유성이 충돌한 자리에도 채광이 가능할 정도의 높은 농도로 있기도 해요.

79. Au
금

특징

색깔 : **황금색**

실온에서 : **고체**

분류 : **전이금속**

금은 반짝이며 노란색을 띠는 금속으로 귀금속의 제왕이자 현대 문명에서 절대 빠질 수 없는 필수 광물이에요.

나라가 망하면, 그 나라의 화폐는 휴지조각이 되지만 그 나라가 보유한 금의 가치는 변하지 않아요.

이 때문에 전 세계의 모든 국가 단위의 은행들은 항상 금을 일정량 비축해 놓지요.

79. Au 금

금은 어떤 지역, 어떤 시대에서도 화폐와 귀금속으로 널리 활용되었어요.

우리나라에서도 옥쇄나 귀걸이 장신구 등에서 금으로 된 유물이 많이 출토되었어요.

금은 가공하기 쉽고 전기를 잘 전달하므로 전자부품 도금재료로 적합해요.

사람들이 쓰는 스마트폰이나 컴퓨터 부품에도 금이 들어가지요.

금은 귀하고 비싸서 금가공 후 먼지나 쓰레기 속에서 금을 추출하는 업체에게 맡겨 재활용하며, 아예 버려지는 스마트폰이나 컴퓨터 부품에서 금을 추출하는 업체도 존재해요.

79. Au 금

소행성 등은 지구보다는 월등히 금이나 백금 등 귀금속의 비율이 높을 것으로 추정된대요.

그래서 우주 개발비용이 비싸도 개발을 멈추지 않고 있어요.

그러나 우주에서 금을 대량으로 캐올 경우 금의 가치가 하락하는 일이 발생할 수 있지요.

80. Hg
수은

특징

색깔 : 은백색

실온에서 : **액체**

분류 : 금속

80. Hg 수은

수은은 실온에서 유일하게 액체 상태인 금속이에요.

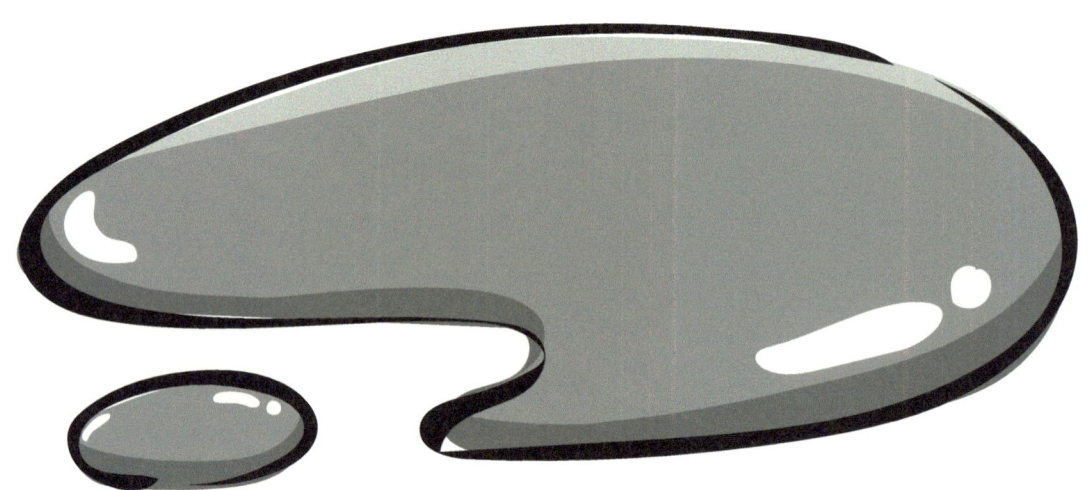

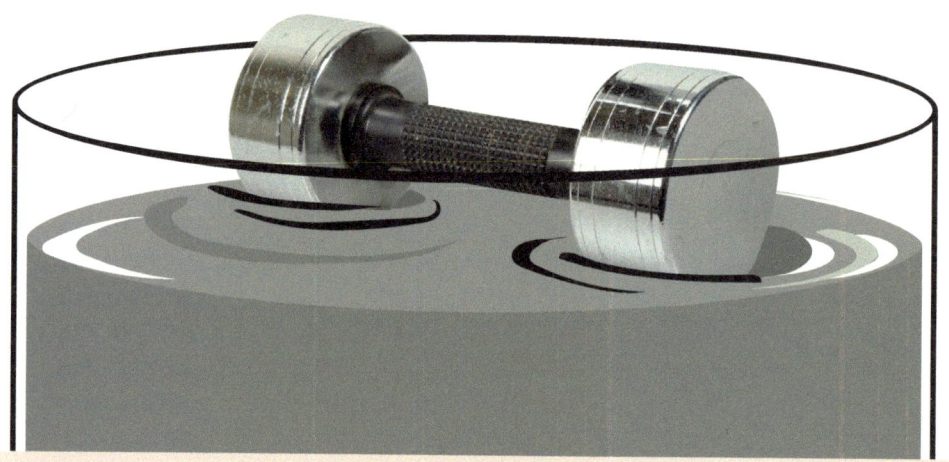

상온에서 액체인 순물질 중에서는 가장 밀도가 높아요.
수은이 담긴 수조에 강철 아령을 띄우면
아령이 둥둥 떠다닐 정도예요.

수은은 인체에 매우 해로워요.

수은이 인체에 흡수되면 인간의 뇌와 신경을 망가뜨리고 정신 이상을 일으키는 미나마타병이 생겨요.

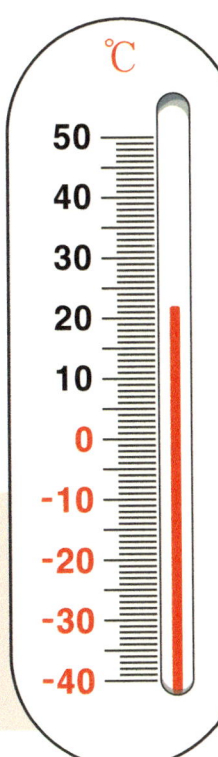

수은은 온도계에 들어있는 액체예요.

수은은 액체라서 마치 물에 소금이 녹듯이 각종 금속을 잘 용해시켜요. 다른 금속과의 합금은 아말감이라고 불리며 치아의 충전재로 흔히 사용돼요.

82. Pb
납

특징

색깔 : **청회색**

실온에서 : **고체**

분류 : **금속**

납은 독성이 강하고 차곡차곡 쌓여 환경오염의 주범이 되는 원소예요.

무겁기 때문에 낚시추 등의 무게추로 주로 이용돼요.

인체에 축적되면 독성이 있어 문제를 일으켜요. 총알의 재료로 쓰였기 때문에 총알이 뼈나 살에 박히면 살이 썩어들어가는 일이 잦았어요.

납유리로 만든 크리스탈 용기에 술이나 음식을 장기간 저장해 보관해 두거나 하는 건 자제하는 게 좋아요.

88. Ra
라듐

특징

색깔 : 백색

실온에서 : 고체

분류 : 알칼리토금속

88. Ra 라듐

라듐은 어두운 곳에서 푸른 빛을 발산하는 흰색의 광택이 있는 부드러운 금속이에요.

라듐 화합물은 빛을 쬐이거나 전기를 통하지 않아도 빛을 내기때문에 예전에는 야광 시계 등의 도료로 사용하였어요.

그러나 이 도료가 방사성 덩어리라 많은 공장 노동자가 병에 걸려 죽으면서 야광도료에 라듐 화합물을 사용하는 것이 금지되었어요.

야광 기술이 발달한 현재는 훨씬 안전한 삼중수소 또는 LED가 사용되고 있지요.

92. U 우라늄

특징

색깔 : 은백색

실온에서 : 고체

분류 : 전이금속

92. U 우라늄

우라늄은 원자력발전의 핵연료이며 핵무기에 쓰이는 원소예요.

우라늄의 대부분은 원자력 발전용으로 사용되지만 세계의 안전에 위협이 되는 핵폭탄을 만드는 원료이기도 해요

1945년, 일본 히로시마시에 떨어진 원자폭탄 '리틀 보이'가 우라늄으로 만들어졌어요. 이 폭탄으로 7만 5천명 이상의 시민이 죽었어요.

아주 쉬운 단위놀이 한마당 5
원소 주기율표

족\주기	1	2	3	4	5	6	7	8	9
1	1 H 수소								
2	3 Li 리튬	4 Be 베릴륨							
3	11 Na 소듐	12 Mg 마그네슘							
4	19 K 포타슘	20 Ca 칼슘	21 Sc 스칸듐	22 Ti 타이타늄	23 V 바나듐	24 Cr 크로뮴	25 Mn 망가니즈	26 Fe 철	27 Co 코발트
5	37 Rb 루비듐	38 Sr 스트론튬	39 Y 이트륨	40 Zr 지르코늄	41 Nb 나이오븀	42 Mo 몰리브데넘	43 Tc 테크네튬	44 Ru 루테늄	45 Rh 로듐
6	55 Cs 세슘	56 Ba 바륨		72 Hf 하프늄	73 Ta 탄탈럼	74 W 텅스텐	75 Re 레늄	76 Os 오스뮴	77 Ir 이리듐
7	87 Fr 프랑슘	88 Ra 라듐		104 Rf 러더포듐	105 Db 더브늄	106 Sg 시보귬	107 Bh 보륨	108 Hs 하슘	109 Mt 마이트너륨
				57 La 란타넘	58 Ce 세륨	59 Pr 프라세오디뮴	60 Nd 네오디뮴	61 Pm 프로메튬	62 Sm 사마륨
				89 Ac 악티늄	90 Th 토륨	91 Pa 프로트악티늄	92 U 우라늄	93 Np 넵투늄	94 Pu 플루토늄

위에서 아래로 내려가는 세로줄은 '족'이라고 해요. 각 족의 원소끼리는 비슷한 특성을 가져요.

왼쪽에서 오른쪽으로 가는 가로줄은 '주기'라고 해요.

원자번호
1
H
수소

← 원자번호
← 원소기호
← 원소이름

10	11	12	13	14	15	16	17	18
								2 He 헬륨
			5 B 붕소	6 C 탄소	7 N 질소	8 O 산소	9 F 플루오린	10 Ne 네온
			13 Al 알루미늄	14 Si 규소	15 P 인	16 S 황	17 Cl 염소	18 Ar 아르곤
28 Ni 니켈	29 Cu 구리	30 Zn 아연	31 Ga 갈륨	32 Ge 저마늄	33 As 비소	34 Se 셀레늄	35 Br 브로민	36 Kr 크립톤
46 Pd 팔라듐	47 Ag 은	48 Cd 카드뮴	49 In 인듐	50 Sn 주석	51 Sb 안티모니	52 Te 텔루륨	53 I 아이오딘	54 Xe 제논
78 Pt 백금	79 Au 금	80 Hg 수은	81 Tl 탈륨	82 Pb 납	83 Bi 비스무트	84 Po 폴로늄	85 At 아스타틴	86 Rn 라돈
110 Ds 다름슈타튬	111 Rg 뢴트게늄	112 Cn 코페르니슘	113 Nh 니호늄	114 Fl 플레로븀	115 Mc 모스코븀	116 Lv 리버모륨	117 Ts 테네신	118 Og 오가네손
63 Eu 유로퓸	64 Gd 가돌리늄	65 Tb 터븀	66 Dy 디스프로슘	67 Ho 홀뮴	68 Er 어븀	69 Tm 툴륨	70 Yb 이터븀	71 Lu 루테튬
95 Am 아메리슘	96 Cm 퀴륨	97 Bk 버클륨	98 Cf 캘리포늄	99 Es 아인슈타이늄	100 Fm 페르뮴	101 Md 멘델레븀	102 No 노벨륨	103 Lr 로렌슘

목록

길이
- 밀리미터 **mm**
- 센티미터 **cm**
- 미터 **m**
- 킬로미터 **km**

치, 뼘, 자, 길

넓이
- 제곱센티미터 **cm²**
- 제곱미터 **m²**
- 제곱킬로미터 **km²**

아르(a), 헥타르(ha)

부피/들이
- 세제곱센티미터 **cm³**
- 세제곱미터 **m³**
- 밀리리터 **mL**
- 데시리터 **dL**
- 리터 **L**

홉, 되, 말, 섬

무게
- 그램 **g**
- 킬로그램 **kg**
- 톤 **t**

마이크로그램(μg)
캐럿(ct)
근, 관, 돈,

시간
- 초 **s**
- 분 **min**
- 시 **h**
- 일 **d**

주, 월, 년, 세기

온도
- 섭씨온도 **°C**
- 화씨온도 **°F**
- 절대온도 **k** 켈빈

속도
- 초속거리 **m/s**
- 시속거리 **km/h**

노트(kt)

세는말 1

낱개 세기

가닥
갈래
개
개비
권
꼬치
도막
동
땀

량
모
부
송아리
송이
알
조각
척
톨
포기

묶어 세기

갑
꾸러미
다발
단
두름
묶음
쌈
접

종
죽
줄
질
축
켤레
쾌
타
톳

이음동의어 세기

그루
주
마리
미
발자국
발짝

숟가락
술
매
장
쪽
페이지

세는말 2

뭉쳐 세기

덩어리
덩이
모금
무더기
뭉치
바리
바퀴
방울
보따리
사리
움큼
자밤
주먹
첩
타래

용기 단위세기

가마니
공기
그릇
대접
병
봉지
사발
삽
상자
잔
접시
종지
컵
포대

동음이의어 세기

대
벌
자루
점
줄기

짝
채
통
판
필

아주 쉬운 단위놀이 한마당.5 [원소]

1판 발행일 : 2024년 1월 10일

지은이 : 한버공

펴낸 곳 : 청송문화사

　　　　　서울시 중구 수표로 2길 13

홈페이지 : www.kidzone.kr

E-mail : kidlkh@naver.com

전화 : 02-2279-5865

팩스 : 02-2279-5864

등록번호 : 2-2086 / 등록날짜 : 1995년 12월 14일

가격 : 18000원

잘못 인쇄된 책은 서점이나 본사에서 바꿔 드립니다.